品茶時間

大川隆法
Okawa Ryuho

前言

家庭生活佔據了人生修行一大半的時間，這樣的說法想來並不為過。

學校課業生活有教科書，在公司工作有各種規章制度，但是，家庭生活卻沒有可以讓人參考的工具書。一般人多是仿照養育自己成長的家庭環境，或者各自不斷地摸索創造出新的流派。他人的家庭生活是看不到的，即使經常地話家常，也無法瞭解到他人家庭內部的真正

情況。

提供人們能夠過上幸福家庭生活的教科書或參考書，我認為這是一個宗教的使命。本書是繼去年的暢銷書《咖啡時間》的人生啟示錄之後的續集。一邊喝茶，一邊輕鬆地翻閱此書，順便還能得到幸福的話，我想世上沒有比這更開心的事情了。

二〇〇七年　五月

幸福科學集團創立者兼總裁　大川隆法

目錄 Contents

Chapter 2 一學就會的愉快課程——幸福日盛一日

Chapter

3 未雨綢繆的智慧——家庭的不幸離你遠去

Chapter 4

家庭是幸福的源泉——其影響遍及職場和社會

Chapter 1

家庭就像一面鏡子——能夠看到新的自我

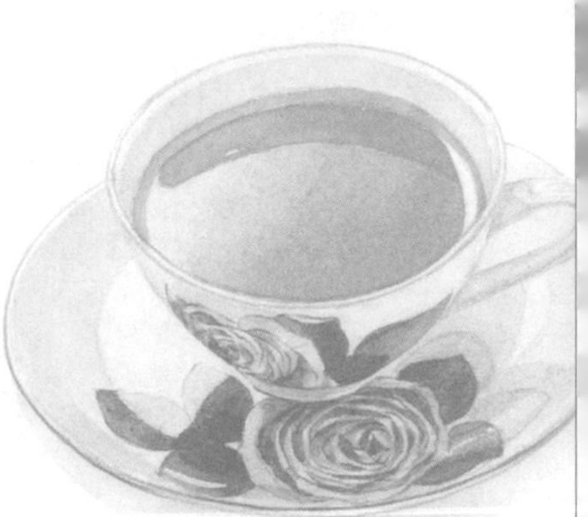

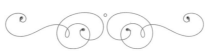

1 讓家庭幸福的最佳捷徑

有人說「他人的心是一面鏡子」，這的確很有道理。人們遇到親切的人就會變得親切，可是如果碰到帶刺的人，自己也會針鋒相對；這是一項法則。

因此，想讓周圍的人對自己好的方法，就是自己先對他人好，這就是最佳的捷徑。

在夫妻吵架或者婆媳問題當中，常聽到某一方盡是說對方很差、對方很壞，但通常不會有單方面是絕對的善人，或絕對的惡人的情形。

或許世間不存在那種讓所有人都喜歡的人，但必須在自己能力所及的範圍內，努力成為這樣的人。

而且，必須從「遇到初次見面的人，自己會給對方怎樣的印象」這一觀點出發，重新審視自己。

舉例來說，有些女士在遇到初次見面的人後，大家都稱讚她非常了不起、非常有修養，但如果唯獨她的先生和她相處很不和諧的話，那就是她的先生有問題了。只不過，如果自己沒有被初次見面的人稱讚過的話，那就說明自己應該還有一些能夠改進的地方。

總之，若是自己成為了一個很有修為的人，對方也會隨之改變的。雖然會有時間差，但一定會有所改變。

Teatime

想讓他人善待自己的方法，

就是自己先善待他人。

2 結婚、變老，看著伴侶的身影……

在結婚之初，夫妻雙方都會對未來的生活，充滿各種的理想和憧憬。

但是，當一年、兩年、十年或者二十年過去時，常常理想、憧憬會逐漸變得淡薄、模糊，漸漸地開始對婚姻感到索然無味。

丈夫，不再是以前那個體貼的丈夫，而是疲於工作的丈夫；妻子也不再是當年那個讓人憐愛的少女，而是每天繫著髒兮兮的圍裙，經常喊著這邊痛、那邊痛，老是怨聲載道的黃臉婆。

然而，這個時候希望大家能夠回想一下當年的初衷。想想兩個人相識相愛、海誓山盟時的情景……。

讓當初的少女變成如今這般樣貌的始作俑者是誰，不正是作為丈夫的你嗎？把丈夫變成現在這個模樣的是誰，不正是作為妻子的妳嗎？如果認為現在眼中的對方，和當初相識時相比變得寒酸、不好的話，那就不單單是對方的責任了。

夫妻在一起生活，就應該相互啟發，彼此發掘對方的優點，攜手共同進步。

Teatime

回憶一下和對方相識相愛、

海誓山盟的時候吧！

3 孩子選擇父母而生

孩子是選擇父母而轉生的，八成以上皆是如此，這是一項法則。

從靈性的角度來說，如果沒有一定程度的親和性的話，此人也

無法作為其孩子出生；這是原則。這也是雖然靈魂不同，可是孩子和父母相像的原因之一。

女性懷孕是一種靈性現象，因為在女性的肉體中、心靈中，寄宿了其他的靈魂。

也許這樣說不太好聽，從另一個意義上來說，懷孕即是一種憑依現象。

出現憑依現象，須符合一個原則，那就是彼此的波長要相同**（編注：波長同通的法則）**，孩子的靈魂大多宿於與自己波長相似的人當中。

也許有人認為「既然那樣，那小孩是被妻子所吸引來的，那不就和丈夫沒有關係了嗎？」但是，妻子和丈夫能夠結合，還是因為有相似之處，相互吸引才會走在一起。其結果，丈夫和小孩的波長大多也都是相同的。

如果從一、兩歲的時候，開始觀察自己的小孩，就會發現孩子有許多和自己相似的地方。不僅僅是指生物學上的相似，從靈魂的傾向性來看，也有許多相似的地方。

Teatime

從靈性的角度來說，
如果沒有一定程度的親和性，
也無法作為其孩子出生。

4 長大後才顯現的幼時心靈創傷

「幼小時得不到父親的認同」當持有這種欲求不滿的心念時，在進入社會後，便很想獲得公司主管或在上位者的認同。但是，就好像無法被父親認同一樣，同樣很難得到主管們的賞識。

有些人認為「媽媽不太疼我」，這樣的人在家庭方面就很容易產生不滿的情緒。

孩童時代充分享受過母愛的人，一般都會選擇充滿感情的女性作為自己的伴侶。因此，即使在社會上遇到挫折，在大部分的情形下妻子也會幫自己撫平創傷、給自己幫助。而在孩童時代沒有充分享受過母愛的人，雖然此人在深層心理當中非常渴望和溫柔的女性結婚，但是能夠達成心願的卻不多。並且，常常會被完全相反類型的女性給吸引。

其結果就是如果沒有結成婚，當然就會受到傷害，但即便是結了婚，有時也會遭到傷害，在新組的家庭當中，又反覆遭遇挫折。

在孩童時代受到的心靈傷害，很多時候會在長大成人之後，又以其他形式顯現出來。

Teatime

孩童時代受到的心靈傷害，

有時會以其他形式顯現出來。

5 當妻子一方比較強勢時

不可思議地，較強勢或者較獨立的女性，往往會喜歡和不起眼的男性在一起。在可有可無、缺乏男人氣概的男性那裡，多是女性「一言堂」的世界。

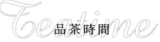

在女性當中，有不少人被稱為女強人，她們具有「想吃掉男性」的心情；這些能量充沛的女性約佔總數的一成。

這類女性的表面意識在考慮：「為什麼丈夫是這麼的沒出息呢？」然而，潛在意識卻是常常想著：「正因為這樣，我才有活著的意義。」

認為「丈夫沒出息」的女性，有必要察覺自己的潛在意識在想什麼。

有些女性或許自己沒有察覺，有人在潛在意識中，其實是怨恨自己是轉生為女性的。這些人在想：「要是作為男人出生就好了。」這樣的女性一旦結婚，便會下意識地想要控制丈夫。

當妻子自己認為：「我比丈夫更有價值」時，其丈夫通常會離家出走、外遇或失業等等。

那其中雖然有著「丈夫想得到愛情」的一面，但也有著「丈夫想要建立男性的優勢地位，卻因無法實現，只好採取製造家庭麻煩的形式，進行負面的自我實現」的另一面。

Teatime

要察覺自己的潛在意識（心底）

在想什麼。

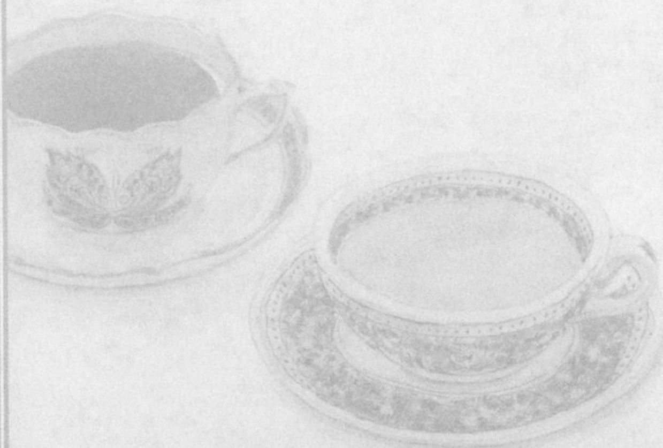

6 婆媳之間無法切斷的深厚之緣

經常聽到婆媳之間有許多爭吵、不合的事情，若從靈性的觀點來看的話，其實婆媳之間的緣分非常地深。在靈性上，有著非常深厚的因緣。

一般情況下，都是因為婆婆比媳婦有較多的人生經歷，知道各式各樣的事情，在很多時候會認為「媳婦做的事情太不妥當，實在看不過去」。於是忍不住就想要一一加以指點和提醒，而被提醒的一方就像是新進員工，不得不一一忍受，長期下來，就會逐漸產生靈魂的糾葛。

結婚以後，雖然會在各方面感到綁手綁腳，但儘管如此，還是要把這些當成像接受現實社會的訓練一樣，自己的靈魂正在接受磨練。

除了婆婆之外，還會遇到公公、姑姑或者小姑等，但不管是誰，其實都有各自可取的地方。

就像一般人常說的「交人所長，何來惡人」一樣，本著「學習他人優點」的心態待人接物，自然地會學到很多東西。而且，扮演老師角色的人也會稱讚：「這個媳婦確實有韌勁。」

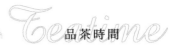

Teatime

交人所長，

何來惡人。

Chapter 2

一學就會的愉快課程

——幸福日盛一日

7

首先試著「在心中」讚美對方——不可思議地對方就會開始自我反省

當人際關係方面處理得不好時，就有必要返回起點，回歸初衷，嚴格地審視自己。

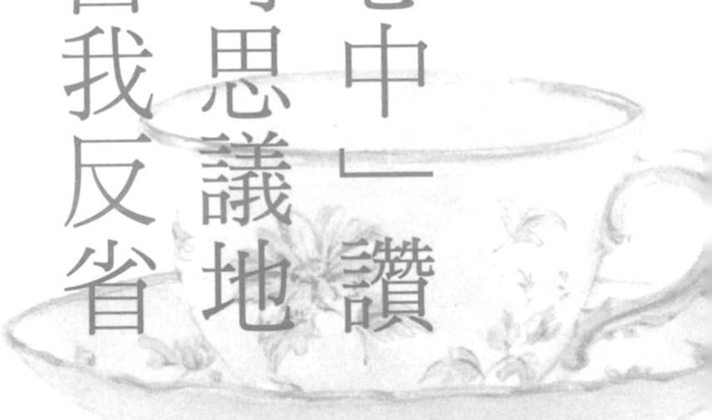

人的價值是不能光靠能力來決定，還有更寬闊的各種不同要素。人們大概都僅是針對某一方面評價對方，進而覺得對方很差勁。

如果在人際關係上遇到挫折，就應停止在雞蛋裡挑骨頭，試著去讚美對方。如果自己無法說出口，也可先在心中試著想想。

這樣一來，對方也會在相同時間，開始做相同的事情。

這看上去似乎是不可思議的巧合，若不相信可以試著做做看，結果一定會是這樣。

一般而言，在說對方不好時，大部分都是很自傲於自己的能力，覺得自己能力比對方強。

這也是與他人產生不合的原因所在，要把自傲放到一旁，保持寬容的心，多看一下對方的長處。

Teatime

說對方不好時，

大多是對自己能力的一種自傲。

8 「聆聽」的奇效

不愛對方的時候，通常也就是不能夠理解對方的時候。

夫妻關係大部分都是這樣；丈夫和妻子各執己見，互不相讓，既不能理解對方，更談不上原諒，因此爭吵不休。

若能夠理解對方，即能夠愛對方；而若感覺到自己能夠得到對方的理解，也就能感覺到自己是被關愛的。

多聆聽對方的話語，就能夠漸漸地理解對方。

其實在家庭中，只要好好傾聽對方所說的話，什麼都不用做，很多問題就能夠解決的。

當妻子有很多煩惱沒法解決的時候，什麼都不用做，只要丈夫能夠好好的傾聽妻子傾訴兩、三小時，常常事情就可以獲得解決了。

因此，為了理解對方就要提高自己傾聽的能力。

傾聽對方所講的話，這也是施愛之心。

Teatime

只要經常聆聽對方的話語，

有很多問題即能獲得解決。

9 稍微表現一下「小鳥依人」

總是抱怨丈夫對自己的愛情已降溫的女性，不妨站在男性的立場上，看看自己現在到底是怎樣的狀態。

結婚前打扮入時，充滿魅力，但是在建立家庭後就逐漸不注意

穿著，也不化妝，總是給丈夫一種邋遢的印象，許多家庭主婦不就是這樣嗎？

家裡要洗的衣物堆積如山，甚至碰到天花板了；茶杯用完不洗，到處亂放；垃圾桶塞得滿滿地，蒼蠅滿天飛。每天晚上回到這樣的家，丈夫會作何感想？

「真是不像話啊！我每天辛辛苦苦在公司工作八小時、十小時，精疲力盡地回到家。可是說起我家老婆可真是啊，不整理房間，不洗衣服也不打掃，棉被也不折，就那麼放著，每天都是吃飽三餐還外加睡午覺。有這樣不可理喻的事情嗎？」丈夫就是這樣看著你。

但他心想：「男人是不應該發牢騷的。」所以從公司回到家後就板著一張臉，除了「吃飯」、「洗澡」、「睡覺」這三句話外，別的什麼也不說，但那也算是男性的最低限度的抗議吧！

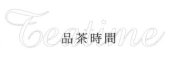

總是抱怨丈夫對自己的愛情已降溫的人，請換一個立場想想：「怎樣做才能讓丈夫疼愛自己呢？」

認為「夫妻生活情趣不足」的人也是一樣，想想看，作為妻子的魅力，是不是哪裡有所欠缺？

再稍稍努力點，做一個勤快、小鳥依人的妻子，丈夫一定會更加疼愛你的。

Teatime

試著想想

「怎麼做丈夫才會疼愛自己？」

10 讓沒出息的丈夫鬥志昂揚的方法

首先不要看現狀，試著想想丈夫是多麼的優秀，多麼的被神所關愛，並從「信仰」開始做起。

這就是所謂的「家庭教」，從家庭教開始，把丈夫想成主宰之

神。

太把目光放在既定事實的家庭，其作法正好和「家庭教」相反。妻子擅長於分析：「丈夫的現狀僅此而已。」

「丈夫的薪資低於平均水準；丈夫比鄰居、比同期進入公司的人升職慢；丈夫的體型也不好，又不會講話。總之，什麼都差勁。」

妻子常常會做出有如「電腦診斷」般的結論。

可是，如果不擺脫如此電腦診斷，家庭的愛就不會有發展。

請從對丈夫的信仰開始做起吧！

不用雙手合十對他祈禱，只要在心裡這麼想，或許丈夫有一天就會很意外地變得像神一樣。

如果能夠認為「自己是女巫」而盡職盡責，我想一定會出現相應的效果。

Teatime

「丈夫真的是非常優秀」，
先從對丈夫的信仰開始做起。

11 伴侶忽然敞開心扉之時

有些人，其伴侶已經是很拼命去做，做到了九十分，但因為沒有做到滿分，因而去責備對方。此時，其伴侶通常會說：「你是好人，但就是挑人毛病這一點，很難忍受。」

常常在挑人毛病的人，其實是在找自己無法幸福的理由。

凡是說「只是討厭他這一點」的人，其實是在尋找「因為有這一點才無法幸福」的理由。

不要只是尋找對方的缺點，而是要去認同對方的優點，感謝自己已經得到的，改變自己的想法。

此外，不要再想從他人身上得到些什麼了。仔細看看自己已從他人那邊得到了什麼，想想從下一次開始，自己要給對方什麼，回報些什麼。

譬如說，或許丈夫總是很晚才回家，但既然回來得晚自然是有晚回來的原因，作為妻子的自然要給予丈夫關心的話語或者慰勞。僅僅做到這一點，結果就會有很大的不同。

妻子多給丈夫一些關心的話語，丈夫也會忽然向你敞開心扉的。

Teatime

想想自己要給對方什麼、

回報什麼！

12 想說「氣話」時，一下子忍住的秘訣

發生家庭紛爭的時候，首先應該考慮的是「從管好嘴巴開始」。

傷人的話語、貶低對方的話語、把對方說得體無完膚的話語、

讓人無地自容的話語，這些話語不要讓它說出口。

當激烈的話語即將說出口時，請深呼吸一下，在心中默數：「一、二、三、四、五、六……」，要是能數到十，那些激烈的話就說不出口了。

話一旦說了出口，那些話語就像有意識的生物一般，開始發揮作用、產生效果。透過耳朵，傳進對方的腦中和心中，進而喚起對方的憎恨之意。而對方也會說出更加激烈的話語，其結果就是雙方開始互相攻擊，血淋淋的戰場出現於眼前。

因此，首先要守住這扇大門：「絕不說傷害對方的否定話語。」

重要的是，不要在心中製造烏雲，不要讓對方吃下言語的毒藥。

對方或許有不好的地方，但沒有必要讓那不好的地方，在自己身上擴大、加強。

Teatime

當激烈的話語即將說出口時，

請深呼吸，

並試著在心中默數數字。

13 努力在家裡發現快樂

今後，若想要依循外界的價值觀、外界的標準，來追求成功或出人頭地，將變得非常嚴苛，因此多在家庭內下功夫發現快樂吧！

譬如說，在新婚時兩個人經常會一起去咖啡廳或者一起散步，

又或者時常買一些鮮花來裝飾等等。

像這樣不用花太多錢又充滿回憶的小事或者遊戲，不妨再去做做看。

另外，如果有孩子的話，也可以重新審視因工作太忙，而被忽視的有關孩子的瑣碎事情，並從中去發現新價值。

參加孩子的運動會、看看孩子的作品展覽會，或是瞭解孩子的課業、學習等，試著做一些以前沒有做過的事情。

今後的時代，各位必須要稍微轉換自己的價值觀。

這不是單純的放棄，而是先回歸內部，一點點地累積氣力，等待重新出發之時。

Teatime

不妨再去做那些不用花太多錢，

又充滿回憶的小事或者遊戲。

14 保持頭腦清醒！在家裡也能做的頭腦訓練

預防癡呆最有效的辦法，就是每週至少讀一本書。

另外，就是學習語言。這是醫生說的，我想是行之有效的。

譬如，可以聽聽廣播節目，或看看電視上的語言節目。也可以看看參考書，再買本原著來讀讀也不錯。方法有很多，若能再次重新學習語言，頭腦會變得更年輕、更敏銳。

認為學習語言很辛苦的人，也可以學學詩詞等等，漢語當中有所謂的《唐詩選》。

對於曾經學習過的、有點研究性質的學問，若能重新進行分析性的學習，會產生新的刺激，頭腦會變得更加清醒、清晰，而且會感受到學習新東西或者默記的能力漸漸提高。

為了防止大腦衰退，當然學習語言是一個方法，但是據說練習讀、寫、算也不錯。因此請放下自尊，多進行一些計算練習或者書寫和朗讀的練習。

從四、五十歲左右開始，須針對上了年紀之後來做準備，要逐漸調整自己的體能，包括營養方面、肉體以及精神方面，聰明的活著是很重要的。

Teatime

持續學習，

會讓頭腦變得年輕、敏銳。

Chapter

3

未雨綢繆的智慧

——家庭的不幸離你遠去

15 孩子反抗父母的真正理由是什麼？

導致家庭暴力的原因之一就是壓力，這一點無庸置疑。

若對孩子要求過多的話，有個性的孩子就會有所反抗。一般孩子發生反抗的時候，大部分都是因為父母對孩子強加某種特定的價值觀，「你必須這樣做」、「你必須念書」、「你必須從事這個工作」等等，很多家庭暴力是因此而起。

譬如說，因為父母表示：「你將來一定要當醫生，為了考上醫學院，你必須要好好努力用功。普通的資質是沒辦法進入國立大學醫學院的，可是我又沒那麼多錢讓你讀私立大學……」而這樣被迫參與考試、補習的兒子，最後就會發狂胡鬧；這是常常發生的事。

父母因為曾經歷過某種失敗或者挫折，懷著「因為自己沒有很好發展，至少要想辦法讓孩子幸福」的一顆父母心，為孩子安排和準備好了各式各樣的課程，但是對於孩子來說，有時是一種極大的困擾。

父母的想法和孩子的想法是不一樣的；父母可能會以為自己完全明白孩子的心思，但是孩子從十五、六歲開始，和父母親所考慮的點就不盡相同，因此父母也就無從瞭解孩子的內心想法了。

孩子的價值觀，有時是父母意料之外的。

Teatime

孩子的價值觀，

有時是父母意料之外的。

16 女兒嫁不出去的原因其實在父母？

儘管自己是想著要施愛，可是常常看到父母親用似黏膠的愛，把孩子給束縛住了。

那種「想控制全部」的心，就好似把孩子放進鳥籠裡般，那並

非是「施愛」，而是「奪愛」。

當孩子漸漸長大成人，要離開自己身邊的時候，父母必須要感到很欣慰才可以。

然而，父母卻常常把孩子當成了玩偶。儘管父母非常優秀，但是把孩子當成玩具的父母不在少數。

譬如，父母平時總對女兒說：「妳趕快結婚吧！」可是又老是對孩子說教：「妳這樣是難以嫁出去的。」現實生活中，因為父母的原因而無法結婚的例子，比比皆是。

作為父母，打從心裡是捨不得女兒的，因此說東道西地想將女兒留在身邊，而且自己常常沒有自覺；所以說，這種自我察覺很重要。

Teatime

你是否用似黏膠的愛，

把孩子束縛住了？

17 這麼做，就可以當一對幸福的中老年夫妻

中老年離婚大致上選擇權都在女方，而大多是因為丈夫工作熱心，晚上九點後才回家。

晚上很晚才回家，晚餐隨便吃碗茶泡飯就算一餐，而早餐也以

麵包果腹。像這樣的人，從工作崗位退休之後，每天都待在家裡的話，情況會怎樣呢？身為妻子的，大概都會感到精神壓力倍增。

這樣一來，就會出現新的問題：「以前因為工作關係整天不在家的丈夫，退休後一直在家，反而成了一件大型垃圾。」

而妻子呢，則是把滿腔熱情傾注在孩子身上，凡事總以孩子為最優先，而做丈夫的，只要每個月把薪水準時拿回家就可以了。如果一個家庭已變成這樣的情形時，一旦孩子長大，連繫夫妻之間的那條線也就跟著斷了。

該怎麼做才能避免這樣的事情發生呢？

其實很簡單，譬如可以定下每星期的某一天，作為夫妻共同分享的時間，努力創造夫妻對話的機會。

如果丈夫平時都很晚回家，休假時也都去打高爾夫球、或只和公司的人見面的話，到中晚年時，就有可能要走上離婚這條路了。

為了不讓這樣的事情發生，丈夫不要每週只打高爾夫，應每個月休息兩次左右，創造夫妻聊天談心的時間，有意義地製造夫妻間的連接點，這是不能輕忽的。

此外，丈夫還要提早培養自己的興趣，即使公司的工作結束了，也能找到生活的價值。

到了五十歲左右，就必須考慮六十歲以後的事情了。想想：「自己從公司退休之後要做什麼？」為了讓老年的生活有意義，就必須做些教育性的投資等等，為自己老年生活做好準備。

有著生氣，退休後依舊有事可做的男性，還是很有魅力的。

為了預防中老年離婚的危機，最基本的就是，一定要有策略性的思考。簡單來說，中老年時的人生，還是需要規劃的。

Teatime

為了預防中老年離婚的危機，

一定要有策略性的思考。

18 憎恨之心也可能成為病因

憎恨別人，身體狀況多半會變差。儘管被憎恨之人的身體狀況也會變差，但是心懷憎恨心的人，也同樣好不到哪裡去。

得到病因不明疾病的人，大多數都具有強烈的憎恨之心。如果

懷有「不能原諒對方」的憎恨之心，由於精神作用，身體中就會出現病灶。破壞性、憎恨的意念在物質化之後，常常容易形成癌細胞，進而在意想不到的地方出現疾病。

因此，除了為了他人，也為了自己，必須要學會寬恕他人。除了要寬恕自己，也必須要寬恕他人。

也許對方曾經傷害過自己，讓自己出糗，甚至迫害、侮辱過自己，但是，還是必須要寬恕這些人。

你已經吃了一年的苦了，或者是已經吃了三、五年的苦了，已經夠了。

或許那些人現在已經變了，或許正在反省。「當時自己做了侮辱他人的事，但後來已做了反省。」這種事也是常有的。因此，不應該一直懷恨在心。

即使受到了嚴重的傷害、留下了沉痛的回憶，也不能一直耿耿於懷，必須想想「對方也不是十全十美的人」。

Teatime

為了自己，

必須要寬恕他人。

19 男人出軌時的潛在法則

如果妻子的財力變得很強，一般都會認為家庭會變得更好，但往往家庭會因此走向決裂。

當妻子的收入超過丈夫時，很多家庭就會面臨危機，或說即便

不會如此，丈夫本身也會因自卑而走向毀滅的人生。這樣的例子極多，最好知道有這麼一個事實。

另外，夫妻倆都在工作，而且與丈夫相比，妻子的社會地位、職業立場受到世間的評價較高時，夫妻關係就容易出現危機了。

夫妻之間若開始這樣的競爭，家庭往往就會變成地獄。

「妻子本身具有經濟實力，且工作能力很強」，對社會來說並不是一件壞事，但是這樣一來，夫妻之間自然地就要產生競爭了。

而且，當丈夫一旦產生了「我輸了」的心情時，丈夫的自尊心就會受到傷害，在正常情況下家庭就會破裂。

丈夫一方如果產生了總是輸給妻子的心情之後，丈夫就會漸漸覺得回家是一件苦差事。這樣的丈夫大概就會出軌，開始尋求更加溫柔，且不用跟她競爭的女性。

從客觀來看，妻子明明是非常優秀，如果去相親，絕對是一個很受歡迎的女性，但即便如此，丈夫卻還是被沒那麼出色的女子勾引進而出軌，這種情形不在少數。

因此，身為妻子的人想必怎麼想也想不透。「那種女人究竟好在哪裡？我老公的腦子是不是有毛病？」

那麼，為什麼丈夫會喜歡那樣的女性呢？歸根究柢就是因為覺得可以放鬆，不會有打敗仗的感覺，自尊心不會受到傷害。

也不是說丈夫本來就是個花心鬼、大壞蛋，才使得家庭破滅的。

而是因為丈夫每天在家中無時無刻都受到審判：「你不會賺錢！你沒有出息！你腦袋不好！你連老婆都養不起！你怎麼能做孩子的榜樣！」諸如此類的事情，不是被嘮叨得沒完沒了，要不就是被暗示個不停。

這樣一來，丈夫會漸漸以加班為藉口晚回家，甚至以出差為幌子不回家。

因為這是一項法則，既然是法則，首先得承認，然後對此採取對策。這並非只有自己的家才會發生的特殊事件，或者說是突如其來的天災或不幸。

男性是有自尊心的動物。

若男性在家中無法保住自尊心，就有著走向破滅的可能。

對於這個自尊心的部分，哪怕只剩下一點點，也必須讓他保留著。如果完全粉碎的話，那就萬事休矣了。

真正聰明的妻子，是不會把丈夫像傻子一樣看待的，將丈夫像傻子一樣看待的妻子是不聰明的。

好好的對待丈夫，讓他能夠心情愉快的一直工作到退休，這才是聰明的妻子。

Teatime

男人的自尊心，哪怕只剩一點點，

也必須讓他保留著。

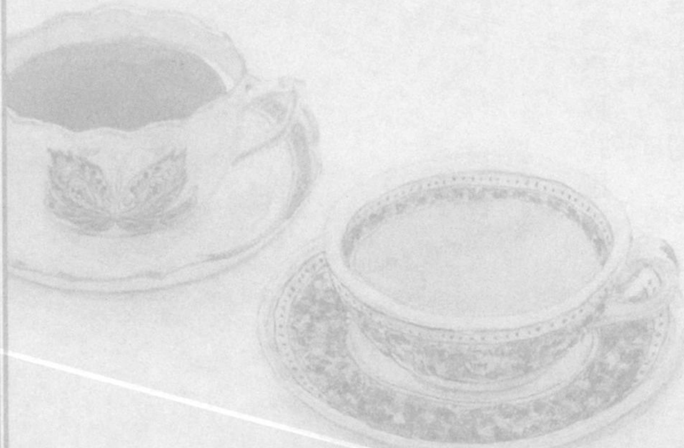

20 試著削減家庭的花費

關於金錢的看法，不管是大企業也好，還是政府也好，基本上與家庭經濟一樣。簡而言之，就是進來的錢和出去的錢，就這麼簡單。現在的收入和今後預計的收入，以及現在的支出和今後預計的

支出，這些都要考慮。另外，重要的就是要依照目前的存款，來考慮今後的安排。

這些事非常簡單，就連小學生也能明白，但學校是不教的，沒有地方會正經八百地教這些。大學商學院可能會教這些知識，但也許認為這些都是早該知道的而就不教了。

然而，不會這些的人還真不少。

首先，把自己家的收入和支出做成一張表。

一邊填寫現在的收入和今後的預計收入。如果自己服務的公司岌岌可危的話，未來的收入有可能減少，或者是需要轉職，這部分也必須考慮進去。

另一邊則填寫現在的支出和今後的預計支出，譬如房租、貸款、孩子的學費，以及其他包括孩子將來結婚的費用等等項目。這些支出到底有多少，寫出來看看。

從中可以看出哪裡的支出是不必要的，如果是不必要的支出，就要盡量減少其花費，將那些不必要的開支刪除。

譬如說，若有進口車，那就把它賣了。進口車比較耗油，實在浪費，因此首先要把它賣掉。

接下來，捨棄一些只是為了面子的事情，如「讓孩子到學費很貴的學校上學」等等，應改讓孩子到步行就能去的公立學校就讀。

妻子則要停止佩戴昂貴的首飾，把鑽戒等等都賣掉，做到穿戴素雅。

其次，要停止為交際而在外面的吃喝或唱KTV的生活。「我一喝酒就過敏，所以不能喝酒」「今天嗓子不能出聲，唱不了」等等，找各種藉口，停止那些無用或講面子的應酬。

打高爾夫球需要花錢，所以要假裝腰疼，加以謝絕。

這樣一來，每個月或許能省下一大筆錢。

諸如此類，能省則省。也許會被人說「那傢伙真吝嗇」，被人認為「真是個討厭的傢伙」，但是為了減少家中的開銷，必須堅持到底。

如果連家庭經濟的振興都不能搞定，那麼此人也肯定無法讓公司賺錢。首先，就是削減花費，能減則減。

至於收入，如果無法升遷的話，收入也許就不會增加。另外，若被炒魷魚的話，就會失去收入來源。因此，關於收入今後能否增加的問題，必須冷靜地進行分析。

譬如說，如果認為「自己這輩子都不可能做到管理階層」的話，就要提前考慮將來的收入狀態。另外，還要看看自己的健康狀況，看看究竟能夠工作到幾歲。

綜合考慮之後，和妻子心平氣和的談談。商量一下：「我想，我這一生也就做普通職員了。要想當上課長，必須要有超越平均的實力，我的實力看來是不夠了。這樣的收入，能應付今後的生活嗎？」

如果不夠生活的話，要對妻子說：「實在對不起，妳能不能幫忙打個零工？附近什麼地方好像貼有打工的廣告。」請妻子去打零工，透過這樣的方法增加收入，另一方面，還要減少支出。

有關錢的問題，基本上就是進來的錢和出去的錢，是「一張紙」的問題。

Teatime

有關錢的問題，

基本上就是進來的錢和出去的錢，

是「一張紙」的問題。

21 對他人生氣不已時

「他人的心不是自己能夠左右的。」請一定要明白這個真理。就算你是國王或皇帝，也是一樣的；你可以控制某人的身體，讓他做奴隸；或者取走性命，但是，終究你仍是無法左右此人的

心。不管發生什麼樣的事情，他人之心都是無法控制的。

心是一個王國。善良的心也好，邪惡的心也好，都是此人自身的東西。

因此，對他人生氣不已時，請想一下：「此人的心，他人是無法支配的。」

既然如此，那麼我們應該怎麼做呢？雖不能支配他人的心，但是自己卻可以百分之百地控制自己的心。自己的心是自由自在的，無論身處在怎樣的環境，自己可以百分之百地決定要擁有何種心態，這就是關鍵所在；即使無法改變他人的心，卻可以改變自己的心。

經由改變自己的心，自己所發散的善念、善的能量、光明，事實上就會影響他人、感化他人。

雖然無法改變他人的心，但卻可以做到影響他人、感化他人。

而且，這是藉由改變自己就可以做到的事。

Teatime

他人的心雖然無法支配，

但自己的心卻可以百分之百支配。

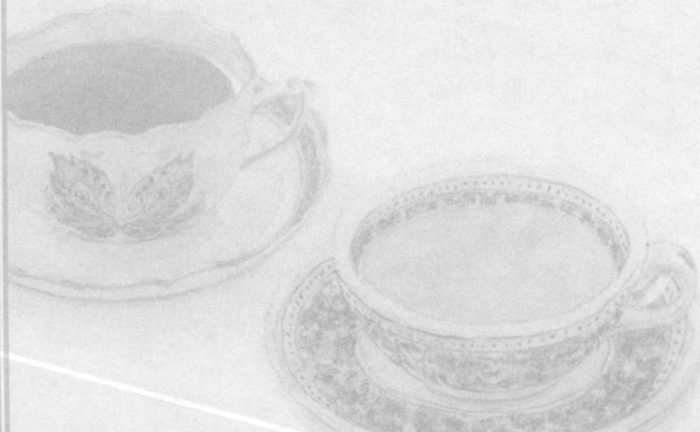

Chapter 4

家庭是幸福的源泉
——其影響遍及職場和社會

22 家庭關係是現實社會的縮影

家庭有「父、母、子、孫」的長幼之序，還有男女之別；它是教育我們年齡長幼或者男女職責不同的模型。

也就是說，孩子從零歲到十八歲或到二十歲之前，都是在家中

學習現實社會中的雛型。

孩子在家中最初所看到的，是父母分擔不同職責的身影。認知到男女的組合結合，以及性別角色的職責分擔，因而學習到「男女的關係就該如此」。

此外，在兄弟姐妹之間也能學到：「長子、次子、三子」或「長女、次女」的長幼有序之理。同時，還能學到「年長者責任較重，且必須照顧年幼者。」

這樣，進入現實社會後，就能知道前輩和後輩的區別，並瞭解「上位者必須關照下屬」的道理。

就像這樣，家庭是現實社會的縮影，也是一個雛型。

正因為如此，處理好家庭裡的人際關係，是為了現實社會出現圓滿人格者所不可或缺的前提。如果，家庭關係出現異常，這種環境下長大的靈魂，也一定會出現某種異常的品性。

孩子成長之際，最重要的是父母間的和諧，也就是父母間的互敬互愛。

在這樣的父母身影下長大的孩子，心中存有著理想夫妻的典範，在自己的成長過程中，也將會依照這個模型去建構自己的家庭，可以說雙親的影響力是如此之大。

因此，當孩子離開家後，無法構築一個正常的家庭，或許其問題是出自於父母身上。

再者是，兄弟姐妹之間的關係也很重要。

孩子時常會觀察父母親的愛，在手足之間是如何分配的；而手足間偶爾會出現特別受父母疼愛的人，或較不得父母之緣的人。由此，便能體驗到將來在現實社會中也會經歷到的類似情況。

換言之，在家庭裡孩子可經歷到這樣的情形：「某些舉止會討父母的喜歡，而某些言行則會被厭惡。受到父母疼愛的人，可一直享受這種恩惠；而被父母討厭者，一有機會就會遭到奚落。」

藉此，人在小孩時期就已經學習到，將來出了社會之後，被上司欣賞與否的差異點在於哪裡。

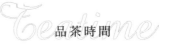

Teatime

對於孩子的成長，

最重要的就是父母間的和諧。

23 工作能力與個人問題間不可思議的關係

因不擅長交涉而煩惱的人，往往是對私生活缺乏自信。

譬如：「和妻子的關係不和諧，每天吵架不斷」、「家中有病人」、「孩子一直考不上大學」等等，擁有這種煩惱的人，無論如何都會表現在人際關係上，因此成為在和他人交涉時，缺乏韌性的原因之一。

儘管「公」與「私」是不同的概念，當「私」的部分出現柔弱的狀況時，同時也會影響到「公」的一面，所以必須思索「如何才能儘快地解決個人的煩惱」。

「自己家裡明明有著家庭暴力的情況，做為業務人員還能夠積極進取的工作。」這樣的事情恐怕不會有吧！

家庭中的煩惱是會影響到工作的。

有類似煩惱的人，首先應解決家庭中的煩惱。否則的話，不僅僅是家庭，就連工作也無法順利進行，兩邊皆充滿煩惱；因此首先要把家庭問題解決好。

譬如：身為丈夫，在週六、週日應好好做好自己該做的事情，或者在平時盡量早些回家，解決家庭的問題。

就像這樣，處理好自己的私生活問題是很重要的。

Teatime

不擅長交涉的人，

往往是因為對私生活缺乏自信。

24 點亮家庭的光明

人必須要磨練自身的靈魂。

其出發點即是家庭當中的和諧，在家庭當中必須先打造烏托邦世界。

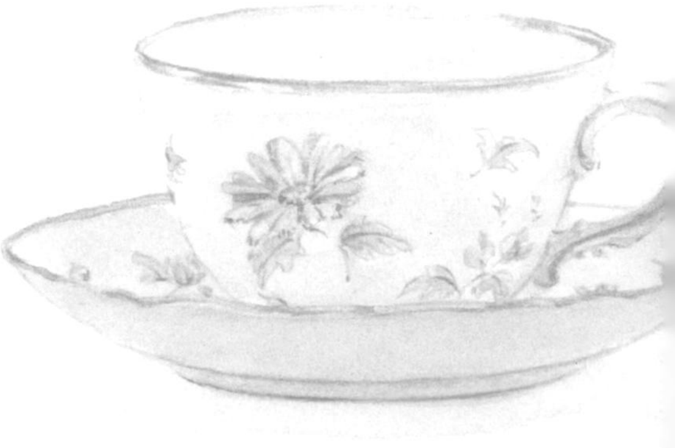

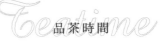

與孩子們一起，為了建設一個美好的社會而努力生活；這一點看上去也許是小事，但實際上卻能夠成為相當大的力量。不能像部分所謂的「先進國家」的人們一樣，對家庭的觀念淡薄，社會關係混亂。

請各位務必要維持家庭的和諧。絕不可忘記，這個是「人生學校」中重要的部分。

在打造一個相互信任、和諧的家庭過程中，即會出現巨大的光明，這樣的家庭稱為「光明的子城」。各位要打造這光明的子城，要以此為出發點。

只有從男女和諧之路、家庭和諧之路、家庭烏托邦之路向前走，真正救世的力量才會出現。

在世界上建設充滿光明的家庭，正是幸福科學的工作。

面對五顏六色的鮮花燦爛盛開的景色，大家一定會認為很美好吧！我也是這麼認為的，這肯定要比一朵花漂亮得多。我相信只有遍地都是充滿光明的家庭，才是一個理想的國家。

首先，請從「讓家中充滿光明」開始做起吧！當各位的家庭充滿理想、充滿光明的時候，那將遍及到鄰居、友人；這是理所當然的事情，請無論如何不要忘記。

Teatime

建設家庭烏托邦，

將成為拯救世界的力量。

25 幸福的家庭從你的溫和態度開始

我希望各位能經常做個溫和的人，我不認為這是在要求各位做很困難的事情。

不管是在埋頭於工作之中，還是處於家庭痛苦中，我希望各位

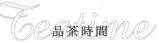

都能想起這句話：「經常做個溫和的人」。

遲早有一天，各位都會離開人世間；不管是在幾年後或幾十年之後，都要離開世間。各位能體會屆時離開世間的心情嗎？

那心情就會像是離開地面，變成懸掛在天空中的星星一樣。從世間離去，成為懸掛在遙遠天空中星星的心情。

當你離開世間，隨著離地幾百公尺、幾千公尺，眼中的地球會覺得越來越小。

過去自己曾在那裡玩耍的廣場、曾住過的家、對於朋友、家人的回憶，會逐漸變得越來越小，越來越淡薄；森林、河流和山嶺等等，也會變得朦朧起來。

此時，各位一定會想到：「要是當時能對這些人溫和一點就好了。」

我能夠預言，各位必定會經歷如此時刻。

屆時各位一定會想：「要是能給這些懷念的人多一份愛，多一句關懷的話語，那就太好了。」

各位要把「經常做個溫和的人」這句話牢記在心，同時要在腦海中描繪離開人世的那一瞬間的情景。

人寄宿於母親體內，然後降生這個世間，生活數十年。在這期間會經歷各種悲劇、喜劇，不久之後會離開人世，而返回靈界。

人世間的事情，只是片刻的回憶。就像畢業旅行一樣、快樂的學校生活一樣，皆是片刻的回憶或短暫的童話一般。

各位在世間的人生，皆是轉瞬即過的。

若是如此，為何要過如此生硬古板的生活呢？又為何要度過如此嚴肅的人生呢？又為何要這麼嚴酷地對待他人呢？

在這終將離去的世界，為何不盡可能地留下美好的印象呢？

就如同自己希望得到他人的關愛一樣，對待他人也要和藹可親，難道不是這樣嗎？

對人來說，最開心的時刻難道不是受到他人親切關愛的瞬間嗎？難道不是得到他人和藹對待的瞬間嗎？

如果是這樣，各位不是必須成為一個溫和的人嗎？就像自己希望得到他人的關愛一樣，自己也要親切地對待他人。難道你不想成為一個溫和的人生活下去嗎？

哪怕是對人過於溫和，也要消除這個世界上那種冷漠生硬或寒風刺骨之感。

Teatime

就如同自己希望得到
他人的關愛一樣，
對待他人也要和藹可親。

建立溫暖家庭的話語

1

想讓他人善待自己的方法，就是自己先善待他人。

2

回憶一下和對方相識相愛、海誓山盟的時候吧！

3

從靈性的角度來說，如果沒有一定程度的親和性，也無法作為其孩子出生。

4

孩童時代受到的心靈傷害，有時會以其他形式顯現出來。

5 要察覺自己的潛在意識在想什麼。

6 交人所長，何來惡人。

7 說對方不好時，大多是對自己能力的一種自傲。

8 只要經常聆聽對方的話語，有很多問題即能獲得解決。

9 試著想想「怎麼做丈夫才會疼愛自己？」

10

「丈夫真的是非常優秀」，先從對丈夫的信仰開始做起。

11

想想自己要給對方什麼、回報什麼！

12

當激烈的話語即將說出口時，請深呼吸，並試著在心中默數數字。

13

不妨再去做那些不用花太多錢，又充滿回憶的小事或者遊戲。

14 持續學習，會讓頭腦變得年輕、敏銳。

15 孩子的價值觀，有時是父母意料之外的。

16 你是否用似黏膠的愛，把孩子束縛住了？

17 為了預防中老年離婚的危機，一定要有策略性的思考。

18 為了自己，必須要寬恕他人。

19

男人的自尊心，哪怕只剩一點點，也必須讓他保留著。

20

有關錢的問題，基本上就是進來的錢和出去的錢，是「一張紙」的問題。

21

他人的心雖然無法支配，但自己的心卻可以百分之百支配。

22

對於孩子的成長，最重要的就是父母間的和諧。

23

不擅長交涉的人，往往是因為對私生活缺乏自信。

24

建設家庭烏托邦，將成為拯救世界的力量。

25

就如同自己希望得到他人的關愛一樣，對待他人也要和藹可親。

後記

以《溫馨家庭二十五個幸福好主意》為副標題的本書，閱後感覺如何？若是你能發現那怕是一、兩個值得借鑒的地方，將不勝榮幸。

人是靈魂的存在，雖說都要從此世回到來世，但人生幸福的前提就是家庭生活。家庭生活若很圓滿，就不會那麼輕易地墮入地獄。

只有鞏固家庭幸福這一基礎，職業上的成功才會結出更勝一籌的幸福花朵。儘管有點難度，但值得試著努力。

本書語言簡練，通俗易懂，充滿了讓人覺悟的一轉語。請相信，「透過改變想法，人生就會改變」。「在品茶時間喝一杯紅茶的功夫，就能改變你的人生」，這就是本書的主旨。靜待各位的佳音。

幸福科學集團創立者兼總裁　大川隆法

二〇〇七年　五月

大川隆法描繪的小說世界．**新感覺之靈性小說**

《小說 十字架の女》是宗教家・大川隆法先生全新創作的系列小說。謎樣的連續殺人事件、混亂困惑的世界、嶄新的未來、以及那跨越遙遠時空——。
描繪一名「聖女」多舛的運命，新感覺之靈性小說。

小說 十字架の女①〈神祕編〉

8月出版！

神祕的連續殺人事件
與美麗的聖女
女子所背負的，
是「光」、
抑或「闇」——。

小說 十字架の女②〈復活編〉

小說 十字架の女③〈宇宙編〉

◆◆◆ 大川隆法「法系列」．**最新作品** ◆◆◆

彌賽亞之法

從「愛」開始 以「愛」結束

彌賽亞之法

法系列
第 28 卷

定價380元

「打從這世界的起始，到這世界的結束，與你們同在的存在，那就是愛爾康大靈。」揭示現代彌賽亞，真正的「善惡價值觀」與「真實的愛」。

HAPPY SCIENCE

幸福科學集團介紹

幸福科學透過宗教、教育、政治、出版等活動，以實現地球烏托邦為目標。

幸福科學

一九八六年立宗。信仰的對象為地球靈團至高神「愛爾康大靈」。幸福科學信徒廣布於全世界一百多個國家，為實現「拯救全人類」之尊貴使命，實踐著「愛」、「覺悟」、「建設烏托邦」之教義，奮力傳道。

愛

幸福科學所稱之「愛」是指「施愛」。這與佛教的慈悲、佈施的精神相同。信眾透過傳遞佛法真理，為了讓更多的人們能度過幸福人生，努力推動著各種傳道活動。

覺悟

所謂「覺悟」，即是知道自己是佛子。藉由學習佛法真理、精神統一、磨練己心，在獲得智慧解決煩惱的同時，以達到天使、菩薩的境界為目標，齊備能拯救更多人們的力量。

建設烏托邦

我們人類帶著於世間建設理想世界之尊貴使命，而轉生於世間。為了止惡揚善，信眾積極參與著各種弘法活動。

入會介紹

在幸福科學當中，以大川隆法總裁所述說之佛法真理為基礎，學習並實踐著「如何才能變得幸福、如何才能讓他人幸福」。

入會

想試著學習佛法真理的朋友

若是相信並想要學習大川隆法總裁的教義之人，皆可成為幸福科學的會員。入會者可領受《入會版「正心法語」》。

三皈依誓願

想要加深信仰的朋友

想要做為佛弟子加深信仰之人，可在幸福科學各地支部接受皈依佛、法、僧三寶之「三皈依誓願儀式」。三皈依誓願者可領受《佛說・正心法語》、《祈願文①》、《祈願文②》、《向愛爾康大靈的祈禱》。

幸福科學於各地支部、據點每週皆舉行各種法話學習會、佛法真理講座、經典讀書會等活動，歡迎各地朋友前來參加，亦歡迎前來心靈諮詢。

台北支部精舍
台北市松山區敦化北路 155 巷 89 號

幸福科學台灣代表處
台北市松山區敦化北路 155 巷 89 號
02-2719-9377
taiwan@happy-science.org
FB：幸福科學台灣

幸福科學馬來西亞代表處
No 22A, Block 2, Jalil Link Jalan Jalil Jaya 2,
Bukit Jalil 57000, Kuala Lumpur, Malaysia
+60-3-8998-7877
malaysia@happy-science.org
FB：Happy Science Malaysia

幸福科學新加坡代表處
434 Race Course Road #01-01
Singapore 218680
+65-6837-0777
singapore@happy-science.org
FB：Happy Science Singapore

品茶時間　溫馨家庭、25個幸福好主意

ティータイム あたたかい家庭、幸せのアイデア25

作　　者／大川隆法

出版發行／台灣幸福科學出版有限公司
104-029 台北市中山區中山北路三段 49 號 7 樓之 4
電話／02-2586-3390　傳真／02-2595-4250
信箱／info@irhpress.tw
法律顧問／第一法律事務所　余淑杏律師

總 經 銷／旭昇圖書有限公司
地址／235-026 新北市中和區中山路二段 352 號 2 樓
電話／02-2245-1480　傳真／02-2245-1479

幸福科學華語圈各國聯絡處／
台　　灣　taiwan@happy-science.org
地址：台北市松山區敦化北路 155 巷 89 號（台灣代表處）
電話：02-2719-9377
官網：http://www.happysciencetw.org/zh-han
新 加 坡　singapore@happy-science.org
馬來西亞　malaysia@happy-science.org
泰　　國　bangkok@happy-science.org
澳大利亞　sydney@happy-science.org

書　　號／978-626-96514-6-7
初　　版／2022 年 10 月
定　　價／新台幣 360 元

國家圖書館出版品預行編目(CIP)資料

品茶時間：溫馨家庭、25 個幸福好主意／大川隆法作；幸福科學經典翻譯小組翻譯. -- 初版. -- 臺北市：台灣幸福科學出版有限公司，2022.10
144 面；14.8×21公分
譯自：ティータイム あたたかい家庭、幸せのアイデア25
ISBN 978-626-96514-6-7（平裝）

1. CST：生活指導　2. CST：家庭關係

177.2　　111015109

廣告	回信
台北郵局登記證	
台北廣字第5433號	
平	信

IRH Press Taiwan Co., Ltd.
台灣幸福科學出版有限公司

104-029 台北市中山區中山北路三段49號7樓之4
台灣幸福科學出版 編輯部 收

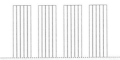

請沿此線撕下對折後寄回或傳真，謝謝您寶貴的意見！

大川隆法 Ryuho Okawa

品茶時間

台灣幸福科學出版有限公司

品茶時間
讀者專用回函

非常感謝您購買《品茶時間》一書，
敬請回答下列問題，我們將不定期舉辦抽獎，
中獎者將致贈本公司出版的書籍刊物等禮物！

讀者個人資料　※本個資僅供公司內部讀者資料建檔使用，敬請放心。

1. 姓名：　　　　　　性別：□男　□女
2. 出生年月日：西元　　年　　月　　日
3. 聯絡電話：
4. 電子信箱：
5. 通訊地址：□□□-□□
6. 學歷：□國小 □國中 □高中／職 □五專 □二／四技 □大學 □研究所 □其他
7. 職業：□學生 □軍 □公 □教 □工 □商 □自由業□資訊 □服務 □傳播 □出版 □金融 □其他
8. 您所購書的地點及店名：
9. 是否願意收到新書資訊：□願意　□不願意

購書資訊：

1. 您從何處得知本書的訊息：（可複選）□網路書店　□逛書局時看到新書　□雜誌介紹　□廣告宣傳　□親友推薦　□幸福科學的其他出版品　□其他

___

2. 購買本書的原因：（可複選）□喜歡本書的主題　□喜歡封面及簡介　□廣告宣傳　□親友推薦　□是作者的忠實讀者　□其他

___

3. 本書售價：□很貴　□合理　□便宜　□其他

___

4. 本書內容：□豐富　□普通　□還需加強　□其他

___

5. 對本書的建議及讀後感

___

6. 盼望您能寫下對本公司的期望、建議…等等。

___

___

IRH Press Taiwan Co., Ltd.
台灣幸福科學出版有限公司